Bibliografische Information der Deutschen Nationalbibliothek:

Die Deutsche Bibliothek verzeichnet diese Publikation in der Deutschen National-
bibliografie; detaillierte bibliografische Daten sind im Internet über http://dnb.d-
nb.de/ abrufbar.

Dieses Werk sowie alle darin enthaltenen einzelnen Beiträge und Abbildungen
sind urheberrechtlich geschützt. Jede Verwertung, die nicht ausdrücklich vom
Urheberrechtsschutz zugelassen ist, bedarf der vorherigen Zustimmung des Verla-
ges. Das gilt insbesondere für Vervielfältigungen, Bearbeitungen, Übersetzungen,
Mikroverfilmungen, Auswertungen durch Datenbanken und für die Einspeicherung
und Verarbeitung in elektronische Systeme. Alle Rechte, auch die des auszugsweisen
Nachdrucks, der fotomechanischen Wiedergabe (einschließlich Mikrokopie) sowie
der Auswertung durch Datenbanken oder ähnliche Einrichtungen, vorbehalten.

Impressum:

Copyright © 2013 GRIN Verlag, Open Publishing GmbH
Druck und Bindung: Books on Demand GmbH, Norderstedt Germany
ISBN: 978-3-656-72643-2

Marc Schwalbe

Führungsstile in der Wirtschaft. Ihr Einfluss auf die Zielerreichung

GRIN Verlag

GRIN - Your knowledge has value

Der GRIN Verlag publiziert seit 1998 wissenschaftliche Arbeiten von Studenten, Hochschullehrern und anderen Akademikern als eBook und gedrucktes Buch. Die Verlagswebsite www.grin.com ist die ideale Plattform zur Veröffentlichung von Hausarbeiten, Abschlussarbeiten, wissenschaftlichen Aufsätzen, Dissertationen und Fachbüchern.

Besuchen Sie uns im Internet:

http://www.grin.com/

http://www.facebook.com/grincom

http://www.twitter.com/grin_com

Inhaltsverzeichnis

1 Einleitung

Die Politeia, verfasst um 370 v. Chr., ist ein berühmter Dialog Platons. Sie gehört zu den am stärksten rezipierten Werken in der Geschichte der politischen Philosophie sowie der Philosophie überhaupt. Zentrales Thema der Politeia ist die Frage nach Gerechtigkeit. Im Kern dreht sich die Diskussion nicht um die Frage, was gerecht ist, sondern viel konkreter, was die „Gerechtigkeit an sich" ist.[1]

Die Frage nach Gerechtigkeit muss sich eine Führungskraft insbesondere stellen, wenn sie über andere Menschen Entscheidungen trifft.

Das Wort Führung ist in Deutschland negativ belastet durch die Zeit des Nationalsozialismus und den Führer. Am Beispiel des damaligen Führers kann man sehen, wohin Macht führen kann, sofern derjenige der sie ausübt, charakterlich nicht als Führungspersönlichkeit geeignet ist.

Deshalb muss man sich die Frage stellen, welche Führungsstile es braucht um Menschen zu führen, Macht über diese zu haben und trotzdem moralisch richtig zu handeln.

Die Erkenntnis der Wirklichkeit und das Streben nach Wahrheit sind Anliegen der Philosophie. Anliegen der Ethik dagegen ist das vernunftsmäßige Handeln im Sinne der Wahrheit und Gerechtigkeit, sie gilt damit als angewandte Philosophie.

Die folgende Ausarbeitung soll die Frage aufarbeiten, inwiefern diverse Führungsstile zur bestmöglichen Zielerreichung einer gelungenen Führung Einfluss nehmen sollten. Dabei werde ich mich auf die am meist diskutierten Führungsstile der Wirtschaftswissenschaften beschränken, um den Rahmen der Ausarbeitung nicht zu sprengen.

2 Bedeutung und Notwendigkeit einer Führung

2.1 Begriffserklärung Menschenführung

Menschenführung umfasst in der Psychologie alle Maßnahmen von Vorgesetzten, die auf die Kooperation, Koordination, und Kommunikation aller Angehörigen einer Organisation einwirken.[2] In der humanen Ethik ist sie der begründete Versuch, durch eine Führungskraft steuernd und richtungsweisend auf eigenes und fremdes Handeln mit geeigneten Führungsinstrumenten einzuwirken, um eine Vorstellung von den Führungszielen zu verwirklichen. Führung ist eine Methode, „geführte" Menschen für die gesetzten Ziele zu motivieren und auf den Weg der Erfüllung der Ziele mitzunehmen, für den gemeinsamen Erfolg. Der Führungsprozess ist eine „ständige Begleitung" der Geführten. Als Geführte können im Rahmen der Individualführung einzelne Personen, aber auch Personengruppen genannt werden.[3] Bei Arbeitsgruppen, Schülergruppen wird

---

[1] Vgl. Karlheinz Hülser: Platon für Anfänger. Der Staat. Eine Lese-Einführung. Deutscher Taschenbuch Verlag, München 2005, S.4

[2] Vgl. W. Arnold, H.J. Eysenck, R. Meili (Hrsg.): Lexikon der Psychologie, Bd. 2, 3. Aufl. Freiburg i.Br. 1987, S. 1359 f.

[3] Vgl. O. Neuberger: Führen und führen lassen. 6. Aufl. Stuttgart 2002, Vorwort

auch der speziellere Begriff Teamführung genutzt. Bezieht sich die Führung auf die Gesamtheit aller Mitarbeiter, dann wird von Personalführung oder Mitarbeiterführung gesprochen. Diese Führungsformen werden im englischen Sprachraum als „leadership" bezeichnet.[4]

2.2 Begründung der Menschenführung

Die Attributionstheorie der Psychologie liefert Erklärungsmodelle für wiederkehrende Strategien der vereinfachenden Beschreibung komplexer sozialer Zusammenhänge in Industrie und Gesellschaft.[5] Der anthropologische Begründungsversuch behauptet, dass Menschen geführt werden müssen und dass Menschen geführt werden wollen.

Diese erste Begründung schließt Menschen aus, die sich nicht führen lassen wollen und sich auch so äußern. Es wird übersehen, dass individuelle Selbstbestimmung keineswegs impliziert, einem von Dritten erklärten höherwertigen Ziel zuzustreben oder gar zustreben zu müssen.

Der zweite Begründungsversuch zur Erklärung der Entstehung des Führungsphänomens ist funktionaler Art. Angenommen wird zunächst, dass viele Problemlösungen ein gemeinsames Tun erfordern. Im Rahmen einer solchen Wechselwirkung entsteht jedoch ein Koordinationsbedarf, der mit der Anzahl der Menschen an der gemeinsamen Problemlösung steigt. Neben der Möglichkeit einer Kooperation durch Handlungskoordination mit Diskussion und Konsensfindung, bietet sich zur Bewältigung des gegebenen Koordinationsbedarfs „Führung" als Handlungskoordination an. Der funktionale Begründungsversuch besteht in der Führung aus einem gegebenen Koordinationsbedarf von Menschen im Rahmen gemeinsamer Problemlösungsversuche. Dabei wird jedoch die Differenzierung der Motivationstheorie in Leitung und Führung übersehen.

2.3 Philosophie bei Führenden der Wirtschaft

Unsere Wirklichkeit wird zunehmend komplexer. Mit einem verstärkten Informations- und Wissensinput hoffen wir, mit dieser Situation fertig zu werden. Das erweist sich jedoch in vielen Fällen als kontraproduktiv. Stagnation, Reibungsverluste und Burn-Out sind die immer häufiger anzutreffenden Begleiterscheinungen dieser Haltung.

Aber auch die andere Tendenz, die Dinge zu vereinfachen, führt nur selten zu mehr Klarheit, Orientierung oder Sicherheit. Nachhaltig wirksame Impulse kann hingegen das philosophische Denken bieten, denn es zeigt

uns, dass unser Denken und Handeln von Vorstellungs- und Weltbildern geprägt ist, die wir selbst erschaffen haben. Wirklichkeit ist demzufolge keine feste – uns vorgegebene –

---

[4] Vgl. H. Laufer: Grundlagen erfolgreicher Mitarbeiterführung. 6. Aufl. Speyer 2009, S. 13

[5] R.J. Gerrik, P.G. Zimbardo: Psychologie. 18. Aufl. München 2008, S. 637 f.

Größe, sondern ein Produkt unserer Wahrnehmung. Wie wir auf die Wirklichkeit blicken, so erscheint sie

uns. Verändern wir unsere Haltung, verändert sich unsere Sicht der Wirklichkeit. Ein halb gefülltes Glas kann bekanntermaßen halb leer oder halb voll sein.

Im Alltag tendieren wir oftmals dazu, Dinge und Konzepte als gegebene Größen anzunehmen. Wir blicken aus der immer gleichen Perspektive auf

eine Situation, ohne uns bewusst zu machen, dass auch unsere Warte nur eine Perspektive ist. Solange das System läuft, stellt dies kein großes

Problem dar. Schwierig wird es erst, wenn die bewährten Handlungsmuster, die wir gelernt haben, nicht mehr greifen.

Den Kopf zu drehen und den Blickwinkel zu ändern, ist die effektivste Methode, mit veränderten Situationen umzugehen. Doch so einfach das klingen mag, so schwierig ist dies in der Praxis, da wir den Perspektivwechsel nie eingeübt haben. Wir haben im Gegenteil gelernt, uns mit unseren Haltungen und Überzeugungen so zu identifizieren, dass wir sie unter keinen Umständen loslassen können und wollen, da unsere Identität damit verbunden ist. Nur wer gelernt hat, sich nicht mit Positionen zu identifizieren, ist jedoch frei, neue Wege zu erkennen und zu beschreiten. Das Problem der Identifikation besteht nicht nur darin, dass wir unflexibel sind, sondern die alten Philosophen erkannten, dass die Identifikationen mit Haltungen und Überzeugungen zur

seelischen Beunruhigung führen kann. Ein gutes Leben zu leben, heißt zur Seelenruhe zu finden.[6]

Besonders die sokratisch geprägte Philosophie zielte darauf ab, durch ein konstantes Hinterfragen der eigenen Überzeugungen, Meinungen und Anschauungen als solche zu erkennen und loszulassen. Sokrates war kein Denker, der anderen Menschen ein neues Welterklärungssystem

verkündete, sondern seine Gesprächspartner durch permanentes Nachfragen dazu brachte, Widersprüche in ihren eigenen Überzeugungen zu erkennen.

Echtes lernen geschieht nicht dadurch, dass wir einem anderen etwas glauben, sondern indem wir es selbst erkennen. Ein von außen aufgepfropftes Wissen trägt nicht. Wo es uns gelingt, unsere

eigenen Meinungen als persönlich gefärbte Anschauungen über die Wirklichkeit zu erkennen, ist es uns auch möglich, andere Meinungen auszuhalten, weil wir sehen, dass sie eine andere Perspektive der Wirklichkeit darstellen. Vielleichtbeinhalten sie auch neue und wichtige Aspekte, die uns bis lang verborgen geblieben sind.

Wer andere Ansichten nicht primär als Bedrohung seiner Position versteht, sondern als mögliche Bereicherung, erweitert nicht nur seinen Horizont,

---

[6] Vgl. Dieter Sturma (Hrsg.): Philosophie und Neurowissenschaften. Suhrkamp, Frankfurt am Main 2006, Seiten 97–123

sondern kann für ein Unternehmen und in einem Unternehmen neue Felder erschließen. Haltungen und Überzeugungen verorten zu können und

den Überblick zu bewahren, das zeichnet den echten Philosophen aus. Platon spricht vom Philosophen daher als einem Synoptikos; als einem, der die Dinge zusammenschauen kann und die Perspektive als solche erkennt.

Wer führen will, muss ein Synoptikos sein. Der Synoptikos hat den Überblick, weil er reflektieren kann und sich nicht mit Überzeugungen identifiziert. Freiräume, in denen sich neue Visionen und Ideen entwickeln, können so entstehen. Philosophie ist also kein Luxus für Menschen, die den Müßiggang pflegen, sondern Philosophie ist eine Notwendigkeit für Menschen, die frei entscheiden wollen. Nur wer sich über sein eigenes Denken bewusst ist, kann anders handeln, weil er nicht eingefahrenen Mustern folgt. [7]

2.4 Wer eignet sich als Führungspersönlichkeit?

Vor einem Chef, der seine Angestellten anbrüllt oder ihnen immer das Gefühl gibt, ganz kleine und unbedeutende Wesen zu sein, haben die Mitarbeiter vermutlich Angst. Respekt oder Anerkennung bekommt ein Leitender für solches Verhalten aber nicht. Geliebt wird er natürlich auch nicht. Aber was viel schlimmer ist: Er wird nicht als Führungspersönlichkeit, sondern nur als cholerischer Tyrann wahrgenommen. Aber welchen Führungspersönlichkeiten sagt man nach, dass sie "echte Autorität" haben. Welches Verhalten und Benehmen zeichnet diese Menschen aus? Aggression und Lautstärke sind es jedenfalls nicht.

Chefs, die Autorität ausstrahlen, sind vor allem glaubwürdig. Sie stehen zu ihrem Wort, lügen ihre Mitarbeiter nicht an – auch wenn die Wahrheit manchmal weh tut – und geben auch zu, wenn sie einen Fehler gemacht haben. Viele Vorgesetzte glauben, dass sie unzulänglich wirken, wenn sie einen Irrtum zugeben. Das Gegenteil ist der Fall: Wer sich gegenüber den Mitarbeitern nicht als unfehlbar, sondern als Mensch zeigt, gewinnt Sympathien und stärkt seine eigene Position. Übrigens: Ein Chef, der eigene Fehler hat, muss natürlich auch den Mitarbeitern zugestehen, dass sie manchmal welche machen.

Ein Chef der Autorität ausstrahlt ist kein Kontrollfreak. Er schafft Spielräume, gibt seinen Mitarbeitern Freiheiten bei der Erfüllung ihrer Aufgaben. Er vertraut ihnen. Er gibt ihnen eigene Verantwortungsbereiche und schreitet nur unterstützend ein, wenn sie Hilfe brauchen. Ein Vorgesetzter, der Autorität ausstrahlt, betrachtet das wachsende Know-how seiner Mitarbeiter nicht als Bedrohung und gute Mitarbeiter nicht als Konkurrenz. Vielmehr fördert er ihre Kompetenz und freut sich, dass er sich auf seine Leute verlassen kann. Er strahlt im Umgang mit Menschen Ruhe aus.

Ein launischer oder stets gereizter Chef ist autoritär, hat aber keine Autorität. Wer Autorität hat, wird meistens auch als ernsthaft und aufrichtig betrachtet. Er ist für die Mitarbeiter damit durchaus auch ein Vorbild. Als Autorität anerkannt zu werden, ist eine durchaus erstrebenswerte "Position", die aber nicht nur die Anerkennung, sondern auch Verpflichtungen mit sich bringt.

---

[7] In Anlehnung an: Prof. Dr. Dr. Katharina Ceming, Philosophie für Führungskräfte, S. 1 ff.

Manager	Führender
verwaltet	erneuert
ist eine Kopie	ist ein Original
erhält	entwickelt
konzentriert sich auf Systeme und Strukturen	konzentriert sich auf Menschen
verlässt sich auf Kontrolle	erweckt Vertrauen
denkt kurzfristig	denkt langfristig
fragt "Wie?" und "Wann?"	fragt "Was?" und "Warum?"
hält sein Auge auf der Bilanz	behält den Horizont im Auge
akzeptiert den Status quo	fordert den Status quo heraus
ist der klassische gute Soldat	ist ganz er selbst
macht die Dinge richtig	macht die richtigen Dinge

Abb.1, In Anlehnung an: Bennis und Nanus, Führungskräfte, Frankfurt am Main 1985, S. 67

Warren Bennis unterscheidet dabei zwischen Managern und Führenden.[8]

3 Führungsstile in den Wirtschaftswissenschaften

3.1 Begriffserklärung Führungsstil

Der Begriff Führungsstil bezeichnet ein langfristiges, relativ stabiles, von der Situation unabhängiges Verhaltensmuster der Führungsperson, das zugleich die Grundeinstellung gegenüber den Mitarbeitern zum Ausdruck bringt.[9]

Zum einen sind sie bestimmt von den Rahmenbedingungen der Führung; die Rahmenbedingungen sind wiederum geprägt vom Unternehmensleitbild und von den Führungsgrundsätzen.

Neben diesen Rahmenbedingungen kann zum anderen die Persönlichkeit des Führenden eine Rolle spielen. Der Führende muss sich mit den Führungsgrundsätzen identifizieren und sie leben und seine Persönlichkeit darf nicht im Widerspruch zu diesen stehen.

Dies ist insbesondere aus zwei Gründen notwendig. Zum einen muss der Mitarbeiter in Bezug auf die Verhaltensweisen der Vorgesetzten Sicherheit haben und zum anderen muss sichergestellt sein, dass in allen Abteilungen eines Unternehmens die Führungsgrundsätze eingehalten werden.

Dabei lassen sich viele Führungsstile in der Wissenschaft differenzieren. Folgend werde ich mich mit den vier grundlegendsten Führungsstilen auseinandersetzen. Diese sind:

---

[8] Warren Bennis (1990), Managing the Dream, Training Magazine, S. 19 f.

[9] In Anlehnung an: Staehle, Management, 8. Auflage, München 1999, S. 334

5

- Autoritärer Führungsstil

- Konsultativer Führungsstil

- Kooperativer Führungsstil

- Delegativer Führungsstil

Die genannten Führungsstile sind idealtypisch, d.h. in der Realität in reiner Form selten vorfindbar. Modifikationen und Mischungen von Führungsstilen entstehen durch die Persönlichkeit des Vorgesetzten und die Stärke seiner Positionsmacht, durch die situativen Bedingungen, in denen geführt wird, sowie durch die Ansprüche, Qualifikationen, Erfahrungen und Kompetenzen der Mitarbeiter und die Art der sozialen Beziehungen in der Gruppe. Deshalb gewinnt der Begriff der Situativen Führung immer mehr an Bedeutung. Die Ausprägungen der Kompetenz und des Engagements von Mitarbeitern sind dabei ausschlaggebend für die Anwendung der unterschiedlichen Führungsstile.[10]

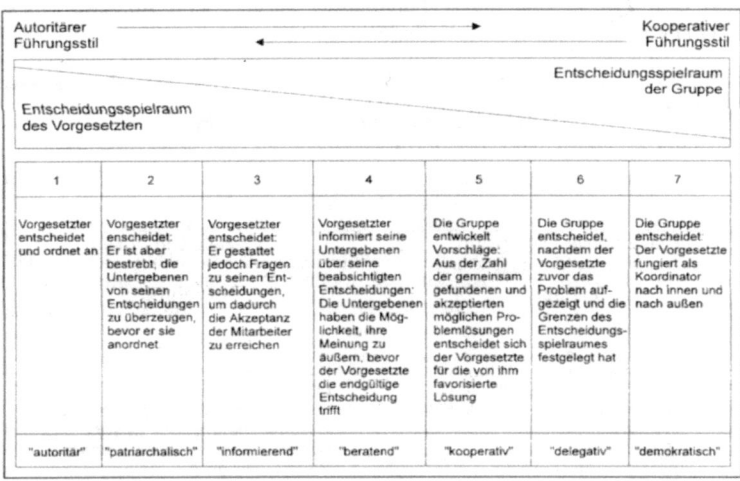

Abb.2: Vgl. Das Führungskontinuum, http://cdn.grin.com/images/preview-object/document.70439/58ae46f434a1cf20663b3c0d0fe7f5d8_LARGE.png, 01.09.13, 13:14h

3.2 Die verschiedenen Führungsstile

3.2.1 Autoritärer Führungsstil

Ein autoritärer Führungsstil zeichnet sich dadurch aus, dass die Führungskraft das Zepter allein in der Hand hat. Mit dem Führungsgedanken, dass alle Fäden an einem Punkt

---

[10] Vgl. http://wirtschaftslexikon.gabler.de/Archiv/55805/fuehrungsstil-v5.html, 30.08.13, 17:13h

zusammenlaufen, leitet und delegiert hier eine Person alle anderen nach dem Top-Down-Prinzip. Er gibt dem Führenden uneingeschränkte Machtfülle und verpflichtet den Untergebenen zu Gehorsam. Fehlleistungen werden bestraft. Der Führende fungiert als Autorität ohne Zugang zu seiner Person. Er hat dadurch Kontrolle über alle Vorgänge, kann schnell entscheiden und verändern. Gleichzeitig beschneidet er aber auch Motivation und den innovativen Einsatz seiner Untergebenen. Autoritärer Führungsstil bedeutet auch ein höheres Risiko bei Fehlentscheidungen, denn die Entscheidungsgewalt liegt ausschließlich in der Hand einer einzigen Person.[11]

Sowohl der Patriarch als auch der charismatische Vorgesetzte gehören in die Gruppe der autoritären Führungspersönlichkeiten.

Das Wesen dieses Führungsstiles lässt sich wie folgt zusammenfassen:

-   Alle Informationen bündeln sich bei der Führungskraft

-   Regeln und Anweisungen bestimmen die Arbeitsabläufe

-   Starke Leistungsorientierung in der Führung

-   Distanz zwischen der Führungs- und der Mitarbeiterebene

-   Die Bedürfnisse der Mitarbeiter spielen kaum eine Rolle

-   Aufgaben werden ohne Diskussion delegiert

-   Kein Raum für Eigeninitiative

-   Alleinentscheidungsgewalt der Führungsperson.

Führungskräfte mit der Tendenz zu autoritärer Führung sind in der Regel fachlich äußerst kompetent und ehrgeizig im Erreichen der eigenen und der Unternehmensziele. Von eher passiven, oder unsicheren Mitarbeitern wird "milde, väterliche Strenge" positiv wahrgenommen. Durch die dichte Kontrolle werden termingerechte Arbeitsergebnisse erzielt.

Je nach Ausprägung des autoritären Führungsstils kann es bei den Mitarbeitern zu Motivationsverlust kommen. Kaum jemandem ist es angenehm mit einer Person konfrontiert zu sein, die "alles kann und alles weiß", selbst wenn sie sich dabei gönnerhaft verhält.

Die Erfolge werden letztlich einzig der starken Führung zugesprochen – und diese nimmt sie auch für sich in Anspruch. Während andererseits eventuelle Schwierigkeiten oder Misserfolge an mangelnder Kompetenz und Leistungsbereitschaft der Mitarbeiter festgemacht werden. Eine weitere Gefahr liegt darin, dass fehlender Austausch und Kreativität zu starren Arbeitsabläufen führt. Die Quantität der Arbeit wird bewältigt, während die Qualität stagniert, die Mitarbeiter "brennen aus".

Im Extrem kann es auch zu Widerstand, Ablehnung, oder Trotzreaktionen gegen die autoritäre Führung kommen.[12]

---

[11] Vgl. Pelz, W., Kompetent führen, 2. Auflage, Wiesbaden 2004, S. 12 f.

[12] Vgl. O. Neuberger, Führen und führen lassen, 6. Aufl., Stuttgart 2002, S. 493-532

3.2.2 Konsultativer Führungsstil

Ein konsultativer Führungsstil zeichnet sich dadurch aus, dass wesentliche Entscheidungen von den Vorgesetzten oder Geschäftsführern kommuniziert werden. Die Mitarbeiter werden also informiert, wenn Problemlösungen gesucht werden oder Veränderungen anstehen.

Die Angestellten können dann Präferenzen äußern, ihre Meinung zu der Problematik angeben und damit die Führungskraft beeinflussen. Allerdings ist der Vorgesetzte nicht an die Vorschläge der Mitarbeiter gebunden und kann letztlich selbst entscheiden.

Ein Vorteil für die Mitarbeiter besteht also darin, dass diese die Möglichkeit haben, sich einzumischen und selbst etwas vorzuschlagen. Die Vorgesetzten erhalten dadurch auch gute Hinweise und werden so auf Lösungsansätze gebracht, die ihnen von allein nicht eingefallen wären.

Dieser Führungsstil belässt die Entscheidungsmacht aber letztlich beim Vorgesetzten, denn dieser trifft schließlich die Entscheidung. Dabei kann er sich an der Meinung seiner Angestellten orientieren, muss dies aber nicht, d.h. er muss nicht im Sinne der Mitarbeiter entscheiden.

Das spiegelt sich auch in der Bezeichnung "konsultativer Stil" wider: die Mitarbeiter werden konsultiert, also um Rat gefragt, doch einem Ratschlag muss man nicht folgen.

Diese Führungsform sollte nur eine Übergangsform von der autoritären hin zu einer weitergehenden Form von Führung sein, die in ein partnerschaftliches Verhältnis zwischen dem Führenden und dem Geführten mündet.

Positiv an der konsultativen Führung ist, dass das Spezialwissen von Mitarbeitern, ihre Erfahrungen und Einsichten für den Entscheidungsprozess zugänglich gemacht werden und sich somit ihre Motivation erhöhen kann. Allerdings wird bei besonders qualifizierten und kreativen Mitarbeitern die Entfaltungsmöglichkeit behindert, da sie von der Konsultation abhängen.[13]

3.2.3 Kooperativer Führungsstil

Ein kooperativer Führungsstil zeichnet sich im Wesentlichen dadurch aus, dass Führungskraft und Mitarbeiter sowohl in der Entwicklung von Ideen, als auch in der Umsetzung von Projekten eng zusammenarbeiten und sich in ihren Kompetenzen ergänzen. Verantwortlichkeiten und Aufgaben werden nach Konsensfindung aufgeteilt. Das Delegieren von Verantwortung und die Motivation seiner Mitarbeiter sind wichtige Bestandteile dieses auf Mitbestimmung ausgerichteten Führungsstils. Eigeninitiative wird gefördert, Kreativität freigesetzt. Durch die Verteilung der Verantwortung auf mehrere Personen und deren Kenntnis wichtiger Vorgänge wird der Ausfall eines Verantwortungsträgers besser bewältigt.

Die Aufgabe der Führungskraft ist es, dafür zu sorgen, dass alle "an einem Strang" ziehen und möglichst schnell möglichst gute Ergebnisse erzielen.

---

[13] Vgl. H.J. Rahn, Erfolgreiche Teamführung, 6. Aufl., Hamburg 2010, S. 61-119

Das Wesen der Kooperativen Führung zeichnet sich aus durch,

- ein Klima offener Kommunikation
- das Zulassen von Ideen und Kritik
- ein Mitsprachemöglichkeit und Teilhabe der Mitarbeiter
- eine Kultur des gegenseitigen Respekts.

Durch die offene Kommunikation sind Verantwortungsbereitschaft und Leistungsbereitschaft sehr hoch. Es entsteht das Gefühl, dass alle "in einem Boot" sitzen. Außerdem können alle Beteiligten in allen Phasen am Erfolg aktiv mitwirken, dies schafft Motivation. Die Führungskraft wird durch die Übernahme von Verantwortlichkeiten entlastet und kann sich administrativen Aufgaben zuwenden.

Manchmal kann die Konsensfindung in neu gebildeten Teams viel Zeit in Anspruch nehmen. Auch die Konkurrenz der Mitarbeiter untereinander kann zu Problemen führen.[14]

3.2.4 Delegativer Führungsstil

Delegation bezeichnet die Übertragung von Aufgaben, Kompetenzen und der sich daraus ergebenden Verantwortung (AKV-Prinzip) unter Beachtung des Subsidiär- sowie Kongruenzprinzips.

Subsidiärprinzip bedeutet in diesem Zusammenhang, dass die niedrigste Mitarbeiterebene der Hierarchie mit der Aufgabe betraut wird, die diese gerade so erfüllen kann. Das Kongruenzprinzip weist darauf hin, dass die Mitarbeiter mit den Kompetenzen ausgestattet sein müssen, die die Erledigung der Arbeitsanweisung erfordert (kongruent).

Hier entscheidet der Mitarbeiter nachdem die Führungskraft die Situation bekannt gegeben hat. Der Vorgesetzte zeigt auf, in welchen Bereichen und mit welchen Grenzen Entscheidungen gefällt werden sollen und dürfen. Die Verantwortung wird auf den Mitarbeiter übertragen.

Dadurch wird das Verantwortungsbewusstsein des Mitarbeiters gestärkt und der Mitarbeiter motiviert sich durch eigene Ziele.

Nachteilig könnte sein, dass der Mitarbeiter mit seiner Verantwortung evtl. überfordert wird.[15]

4 Kritische Reflexion

Die oben ausgeführte Ausarbeitung zum Thema der Führungsstile in den Wirtschaftswissenschaften (die vier meist diskutierten) zeigen auf, wie schwierig es eigentlich sein kann, als Führungskraft herauszufinden, welcher Führungsstil nun am besten anzuwenden ist. Dies ist immer individuell von der Branche, dem Zeitpunkt, der

---

[14] O. Neuberger. Führen und führen lassen, 6. Aufl., Stuttgart 2002, S. 493-532

[15] O. Neuberger. Führen und führen lassen, 6. Aufl., Stuttgart 2002, S. 493-532

Situation und der Mitarbeiterstruktur abhängig. Deshalb ist ein Potpourri der diversen Führungsstile anzuwenden und immer situationsabhängig zu wählen (situative Führung).

Manchmal muss man vielleicht etwas schnell und ohne große Nachfragen durchsetzen (autoritär), ein anderes Mal ist man dann vielleicht auf die Hilfe und Mitarbeit der Arbeitnehmer angewiesen (kooperativ), etc.

Die Unternehmensphilosophie gibt den Führungsstil direkt oder indirekt vor. Pauschal kann nicht gesagt werden, ob der eine Stil besser als der andere ist; es ist situationsabhängig.

Was aber festzustellen ist, ist, dass Mitarbeiter umso besser arbeiten, desto mehr sich die Führungskraft für sie interessiert (wirkliches Interesse). Dies haben die Hawthorne-Experimente von Elton Mayo, die von 1924 – 1927 an der Hawthorne-University durchgeführt wurden, bewiesen.

Ein Wesensmerkmal jedes Menschen ist, dass er geschätzt werden möchte und dass seine Leistung anerkannt wird. Sofern die Führungskraft dies vermitteln kann, ist sie auf einem guten Weg.

Dazu muss sich teilweise natürlich auch Zeit für den Mitarbeiter genommen werden.

Ein schönes Beispiel hierzu ist z.B. dass der fliegenden Hummel:

Eine Hummel wiegt 1,2 Gramm, ihre Flügelfläche ist 0,7 Quadratzentimeter. Nach dem Mathematiker André Sainte-Laguë dürfte sie nicht fliegen können. Fliegt sie trotzdem, weil sie das nicht weiß?

Charlie Ellington hat das Flügelgerüst der Hummel erforscht. Es ist nicht fest, wie André Sainte-Laguë unterstellt hat, sondern durch Gelenke sehr beweglich. Die Gelenke enthalten das gummiartige Eiweiß Resilin. Dadurch bewegen sich die Flügel an der Spitze schneller und bilden Unterdruckwirbel, die in einer fließenden Bewegung an den Flügeln entlang ziehen und für Auftrieb sorgen.

Die Hummel kann bis zu 20 Kilometer in der Stunde fliegen. Jürgen Tautz hat entdeckt, dass sie auf Futtersuche den Flügelantrieb drosselt und nur 90 Meter in der Stunde zurücklegt. So erkennt sie die Blüten und sammelt dann bis zu 12 Mal mehr Nektar als eine Honigbiene, bestäubt also deutlich mehr Pollen und ermöglicht so die Fortpflanzung von viel mehr Pflanzen. Hummeln fliegen auch bei schlechtem und kaltem Wetter.[16]

Zweierlei können wir von diesem Beispiel der Natur lernen:

-   Mit äußerster Flexibilität und Beweglichkeit erreichen wir Dinge, die nicht möglich sind, wenn wir unsere Prozesse und Strukturen festgeschrieben haben (z.B. Unternehmensphilosophie)

-   Wenn wir aus der Hektik aussteigen, in Ruhe denken, sorgfältig suchen, miteinander reden und uns zuhören, entdecken wir Dinge, die uns beim schnellen Höhenflug entgehen.

---

[16] In Anlehnung an: Crispinus, Bartholomei Timothe, André Sainte-Laguë, 2011

In einer Zeit von immer mehr „Druck von oben" mit daraus resultierenden steigenden Burnoutquoten ist „Entschleunigung" das Zauberwort. Es ist nicht möglich sich immer schneller im Hamsterrad zu drehen; wir befinden uns meines Erachtens in einem Wachstumswahn und vergessen dabei oft die moralische Ebene. Menschlichkeit sollte vor Gewinnmaximierung stehen. Abschließen möchte ich diese Ausarbeitung mit einem Zitat von Johann Wolfgang von Goethe.

„Behandle die Menschen so, als wären sie, was sie sein sollten, und du hilfst ihnen zu werden, was sie sein können."[17]

Johann Wolfgang von Goethe (1749-1832), dt. Dichter

---

[17] Vgl. Eugen Buß, Die deutschen Spitzenmanager, 2007, S. 177

5 Quellen- und Literaturverzeichnis

Karlheinz Hülser: Platon für Anfänger. Der Staat. Eine Lese-Einführung. Deutscher Taschenbuch Verglag, München 2005, S.4

W. Arnold, H.J. Eysenck, R. Meili (Hrsg.): Lexikon der Psychologie, Bd. 2, 3. Aufl. Freiburg i.Br. 1987, S. 1359 f.

O. Neuberger: Führen und führen lassen. 6. Aufl. Stuttgart 2002, Vorwort

H. Laufer: Grundlagen erfolgreicher Mitarbeiterführung. 6. Aufl. Speyer 2009, S. 13

R.J. Gerrik, P.G. Zimbardo: Psychologie. 18. Aufl. München 2008, S. 637 f.

Dieter Sturma (Hrsg.): Philosophie und Neurowissenschaften. Suhrkamp, Frankfurt am Main 2006, Seiten 97–123

Prof. Dr. Dr. Katharina Ceming, Philosophie für Führungskräfte, S. 1 ff.

Warren Bennis (1990), Managing the Dream, Training Magazine, S. 19 f.

Staehle, Management, 8. Auflage, München 1999, S. 334

Pelz, W., Kompetent führen, 2. Auflage, Wiesbaden 2004, S. 12 f.

H.J. Rahn, Erfolgreiche Teamführung, 6. Aufl., Hamburg 2010, S. 61-119

Crispinus, Bartholomei Timothe, André Sainte-Laguë, 2011

Eugen Buß, Die deutschen Spitzenmanager, 2007, S. 177

http://wirtschaftslexikon.gabler.de/Archiv/55805/fuehrungsstil-v5.html, 30.08.13, 17:13h

6 Abbildungsverzeichnis

Abb.1: Bennis und Nanus, Führungskräfte, Frankfurt am Main 1985, S. 67

Abb.2: Das Führungskontinuum, http://cdn.grin.com/images/preview-object/document.70439/58ae46f434a1cf20663b3c0d0fe7f5d8_LARGE.png, 01.09.13, 13:14h

BEI GRIN MACHT SICH IHR WISSEN BEZAHLT

- Wir veröffentlichen Ihre Hausarbeit,
  Bachelor- und Masterarbeit

- Ihr eigenes eBook und Buch -
  weltweit in allen wichtigen Shops

- Verdienen Sie an jedem Verkauf

Jetzt bei www.GRIN.com hochladen und kostenlos publizieren